Johannes Halbig / Reinhard Wehnert

Spielwiese I

Kennenlern- und Kommunikationsspiele

Matthias-Grünewald-Verlag · Mainz

Illustrationen von Reinhold Weber, Kassel

2. Auflage 2001

Umschlag: Harun Kloppe, Mainz, unter Verwendung einer Zeichnung von Reinhold Weber, Kassel
Druck und Bindung: Pustet, Regensburg

ISBN 3-7867-2060-6

Einführung

„Der Mensch spielt nur,
wo er in voller Bedeutung des Wortes Mensch ist,
und er ist nur da ganz Mensch,
wo er spielt."
(F. Schiller)

Im Sinne von Schiller verstehen wir Spiel als eine wesentliche Tätigkeit des Menschen.
Das Spiel gehört zu den Kulturgütern der Menschheit. Dieser Tatsache werden sich heute immer mehr Menschen bewußt. Ganz allmählich befreit sich das Spiel von seinem Status der reinen Kinderbeschäftigung.
Das Spiel bietet einen Freiraum, in dem sich Grundbedürfnisse des Menschen, wie z.B. das Bedürfnis nach Freiheit, nach Selbstbestimmung, nach Anerkanntsein, nach ungezwungenem Miteinander, verwirklichen können.
Wir verstehen Spielen als eine lustbetonte Auseinandersetzung mit uns selbst, unseren Mitmenschen und unserer Umwelt. Daher versuchen wir die Spiele so zu gestalten, daß das menschliche Miteinander im Vordergrund steht und der Konkurrenzgedanke keine einengende Rolle spielt.
Im Spiel können sich die unterschiedlichsten Menschen (Kinder, Erwachsene, Behinderte, Senioren usw.) sinnvoll begegnen.
Nach unseren Erfahrungen haben viele Erwachsene eine gewisse Scheu, manchmal regelrecht Angst vor Spielen. Woher kommen diese Hemmungen? Irgend-

wann als Kind, Jugendlicher oder auch erst als Erwachsener haben sie schlechte Erfahrungen mit Spielen gemacht. Sie wurden vielleicht vor der Gruppe vorgeführt, oder etwas salopp formuliert, „verarscht". Spaß hat die Gruppe auf Kosten einer einzelnen Person. Viele Spiele, die etwas mit Wasser und Seife zu tun haben, manche Pfänderspiele, Spiele, bei denen eine Person vor die Tür geschickt wird, gehen oft in diese Richtung. Bei Schullandheimaufenthalten, Klassenfahrten, Konfirmandenfreizeiten, Feten, auf Skihütten haben diese Spiele trotz sich langsam verbreitender Spielpädagogik immer noch Hochkonjunktur. Von Generation zu Generation vererbte sich diese negative Art zu spielen. Zur besseren Veranschaulichung hier ein kleines Beispiel für ein Spiel mit Spaß für alle auf Kosten einer Person:

Eine freiwillige Person wird gesucht, die sich gerne 5,– DM verdienen will. Die Freiwillige bekommt nun das 5,– DM-Stück auf die Stirne gelegt und soll es per Stirnrunzeln in einen Trichter befördern, der im Hosen- oder Rockbund steckt. Während sich die Freiwillige bemüht, das Geldstück in den Trichter zu befördern, schleicht sich jemand von der Seite heran und gießt eine größere Menge Wasser in den Trichter. Alle biegen sich vor Lachen. Kaum jemand denkt an die Person in der Mitte.

Sicher wäre es nicht schlecht, auch solche Spiele einmal zu sammeln, zu veröffentlichen und anzuprangern. Für das vorliegende Buch jedoch sollen solche Spiele bewußt außen vor bleiben. Vielleicht gelingt es uns damit, neue FreundInnen für eine andere Spielkultur zu gewinnen.

Neben diesen „Verarschungsspielen" finden aber auch die knallharten Ausscheidungsspiele keinen Platz in unserem Buch. Bei der berühmten „Reise nach Jerusalem" (in den neuen Bundesländern heißt dieses Spiel übrigens „Stuhlpolonaise"), bei der immer ein Stuhl weniger zur Verfügung steht als Mitspielerinnen vorhanden sind, gewinnt die Person, die die besten Ellbogen besitzt oder noch härter ausgedrückt, die am brutalsten ist. Wenn wir solche Spiele aufgreifen, dann versuchen wir sie so zu variieren, daß ihnen die Schärfe genommen wird.

Alle Spiele in diesem Buch haben eine mehrjährige Erprobungsphase hinter sich und sind in den unterschiedlichsten Gruppen ausprobiert und getestet worden. Aus der Praxis für die Praxis heißt das Motto. Bei vielen Lehrerseminaren, Erzieherfortbildungen u.ä. wurden wir immer wieder gebeten, unsere Erfahrungen doch einmal aufzuschreiben. Dies hier ist das Ergebnis.

Entsprungen ist das Ganze einem Freundeskreis aus ErzieherInnen, LehrerInnen, SozialpädagogInnen, StudentInnen und SchülerInnen, der sich seit 1980 in unterschiedlichen Zusammensetzungen trifft, gemeinsam spielt, Seminare, Freizeiten und Fortbildungen plant und durchführt. 1983 bekam diese musische Gruppe, die Spielen, Singen, Tanzen, Gestalten, Musizieren und Theater auf ihre Fahne geschrieben hat, den Namen „Spielwiese e.V.". Dieser gemeinnützige, überregional arbeitende Verein hat seinen Sitz in einem kleinen Dörfchen in der Nähe von Fulda.

Die Einteilung in verschiedene Kategorien ist nicht ganz einfach und hat immer etwas künstliches an sich. Bei einzelnen Spielen kann man sich auch streiten, ob man sie nicht besser zu einer anderen Kategorie zählen sollte. Auf der anderen Seite bieten solche Einteilungen Hilfestellungen für die Praxis und erleichtern das schnellere Auffinden bestimmter Spiele.

Die Spielregeln solltet ihr immer nur als Vorschläge auf-

fassen. Je nach den Bedürfnissen der Gruppe, mit der ihr spielt, sind sie unbedingt veränderbar. Um eure Phantasie anzuregen, haben wir zu vielen Spielen Variationsmöglichkeiten dazugeschrieben.
Im vorliegenden Buch beschränken wir uns auf Kennenlern- und Kommunikationsspiele. Geplant sind noch zwei weitere Bände mit Wahrnehmungs-, Bewegungs-, Zauber-, Darstellungs-, Schreib-, Tanz- und Erzählspielen.
Im Anhang haben wir noch einen Entwurf für einen Spielekoffer beigefügt, der für uns inzwischen ein unentbehrlicher Begleiter geworden ist.

Einstiegs- und Kennenlernspiele

Der Beginn in einer fremden Gruppe ist oft von Unsicherheit geprägt. Die meisten bewegen in ihrem Inneren Fragen wie „Was werden die anderen Teilnehmerinnen von mir halten?“ – „Kennen sich wohl die anderen untereinander?“ – „Werde ich mit den anderen Teilnehmerinnen auskommen?“. Jeder wird hier wohl noch eine ganze Menge ähnlicher Fragen anhängen können.

Kennenlernspiele – auch „Warming-up-Spiele“ genannt – versuchen, gezielte Hilfen für eine solche Anfangssituation zu geben. Sie können dazu beitragen, daß die oben genannten und ähnliche Fragen direkt und bewußt angegangen werden. Sie versuchen eine Atmosphäre herzustellen, in der man locker und schnell mit den anderen Teilnehmerinnen in Kontakt kommen kann. Sie gestatten einen ersten zwanglosen Austausch von Informationen, die zu einem Abbau bestehender Ängste beitragen können. Sie können helfen, Namen zu lernen und Freundschaften anzubahnen. Sie können auch schon einen ersten Eindruck über Fähigkeiten der Gruppe, aber auch schon über eventuell auftretende Spannungen vermitteln.

Gelingt die Anfangsphase einer Veranstaltung, ist ein wesentlicher Grundstein für ihren Erfolg gelegt.

Die Spiele im folgenden Teil versuchen auf diese Anfangssituation einzugehen und Hilfestellung zu geben. Wieviele, welche und in welcher Reihenfolge man Spiele aus diesem Teil auswählt, hängt von verschiedenen Faktoren (wie z.B. Gruppengröße, Alter und Art der

Teilnehmerinnen, Thema und Dauer der Veranstaltung, räumliche Verhältnisse, Vorlieben der Leiterin usw.) ab und muß daher von jeder selbst entschieden werden.
Fast genauso wichtig wie der Anfang ist auch das Ende einer Veranstaltung. Das letzte Spiel, das letzte Lied, der letzte Tanz, das letzte Wort bleibt oft noch lange in Erinnerung. Am Ende des Buches werden für diese Situation vier „Abschiedsspiele" vorgestellt.
Die Altersangaben bei den einzelnen Spielen stellen natürlich nur eine Empfehlung unsererseits dar. Sie sind sicherlich je nach Gruppenzusammensetzung variabel.

Porträt reißen

für: Kinder ab 8 Jahren
Jugendliche
Erwachsene

Dies ist eines unserer Lieblingskennenlernspiele bei Gruppen bis 20 Personen. Und wenn auch Du ein Bewunderer jener Künstler bist, die auf den Jahrmärkten innerhalb von Minuten mit einer Schere und einem Stück schwarzem Papier ein täuschend ähnliches Abbild eines Modells zaubern, so wird Dich vielleicht auch dieses Spiel begeistern. An Material solltest du für jede Mitspielerin ein einfaches Zeitungsblatt zur Verfügung haben.

Zu Beginn des Spiels sollen sich die Mitspielerinnen paarweise zusammenfinden. Dann verteilen wir an jede

Mitspielerin ein einfaches Zeitungsblatt. Nun bekommen die einzelnen Paare folgende Aufgabe gestellt: Eine Partnerin setzt sich mit dem Profil zur anderen. Diese nimmt die Zeitungsseite und versucht dieses Profil aus der Zeitung herauszureißen. Dabei ergibt sich die Gelegenheit, die Partnerin ein bißchen auszufragen. Wie sie heißt, wo sie herkommt, was sie macht usw.

Daraus ergibt sich zwangsläufig ein Gespräch, und man lernt schon einmal eine Person der Gesamtgruppe ein bißchen besser kennen. Ist das Porträt fertig ausgerissen, wechseln die Aufgaben, und die zweite Person beginnt zu reißen und zu fragen. Ist auch diese Person mit dem Porträtieren fertig und ein allgemeines Palaver im Gange, sollte die Spielleiterin um Aufmerksamkeit bitten und den zweiten Teil des Spiels vorstellen. Er besteht darin, daß reihum jede Spielerin das Porträt, das sie gerissen hat, hochhält und die Person anhand der Einzelheiten, die sie noch behalten hat, vorstellt.

Bei der Vorstellung sollte man darauf hinweisen, daß wir bei dieser Porträtherstellungsmethode wahrscheinlich alle auf demselben Level stehen. Aber: Übung macht die Meisterin.

Die Spielleiterin sollte bei der Vorstellung beginnen, um ein Beispiel zu geben.

Nachdem alle vorgestellt wurden, können die Porträts mit einem Stückchen Klebestreifen an die Wand geklebt werden. Auf diese Weise werden die Teilnehmerinnen von Anfang an auch an der Raumgestaltung beteiligt und bekommen die Gelegenheit, den Raum „in Besitz“ zu nehmen.

Körper mit Leben erfüllen

für: Kinder ab 10 Jahren
Jugendliche
Erwachsene

Ein Spiel zum intensiven Kennenlernen und der Möglichkeit einer visuellen Selbstdarstellung, d.h. der Auseinandersetzung mit der eigenen Biographie. Die Ergebnisse könnt ihr anschließend wunderbar zur Raumgestaltung verwenden.
Wer keine Angst hat, sich auf ein großes Stück Makulaturpapier zu legen, das auf dem Fußboden ausgebreitet ist, kann sich von einer Partnerin in Umrißen mit einem Filzstift nachmalen lassen und wird erstaunt sein, was dabei herauskommt.

In diesen „Umrißkörper" kann man dann selber seinen Steckbrief, seine Hobbys, seine Wünsche, Erwartungen und Ängste eintragen.
Alternativ dazu kann auch die Malpartnerin mit der Gemalten ein Interview machen und die Ergebnisse dann in das Bild eintragen, malen, kleben usw. Der Phantasie sind hier keine Grenzen gesetzt.
Die so entstandenen „Bilder" können für alle sichtbar und lesbar an den Wänden zur Information und Dekoration aufgehängt werden.

Menschendomino

für: Kinder ab 10 Jahren
Jugendliche
Erwachsene

Für dieses Spiel müßt ihr nicht in eurer Spielekiste kramen und die altbewährten Dominosteine heraussuchen, denn ihr seid selbst das Spielmaterial. Nebenbei kommt ihr euch näher und könnt euch kennenlernen.
Zu Beginn des Spieles (falls das Spiel am Anfang ir-

gendeiner Veranstaltung steht, könnte das so etwas wie die Eintrittskarte sein) erhält jede Spielerin einen farbigen Punkt auf einen von ihr zu wählenden Körperteil. Dabei stehen 6 verschiedene Stellen zur Auswahl: Nase, Stirn, rechte oder linke Wange, rechter oder linker Handrücken

Jede Mitspielerin sucht sich nun eine Partnerin, die sie noch nicht kennt und macht sich mit dieser bekannt. Mit dieser Partnerin zusammen bildet sie nun sozusagen einen Dominostein (dabei läßt sich natürlich alles kombinieren: Entweder beide haben den Punkt an der gleichen Stelle, z.B. auf der Nase oder beide haben den Punkt an verschiedenen Stellen, z.B. eine auf dem rechten Handrücken, die andere auf der linken Wange).

Haben sich die „Dominosteine" gefunden, so stellen sich alle zu einem Kreis zusammen.

Nun stellt sich ein „Dominostein" in die Mitte des Kreises und stellt sich kurz vor (die Partnerinnen stellen sich am besten gegenseitig vor). Dann reiht sich rechts oder links ein passender Dominostein an und stellt sich ebenfalls kurz vor. So geht es weiter, bis alle Dominosteine untergebracht sind.

Falls die Situation eintritt, daß ein „Dominostein" nicht untergebracht werden kann, kann man es natürlich auch zulassen, daß an einer Stelle eine Abzweigung eingerichtet wird.

Bei ungerader Spielerinnenanzahl spielt die Spielleiterin mit, sonst nicht.

Bei sehr großen Gruppen könnte man das Spiel auch so spielen, daß sich zuerst ein „Dominostein" bildet und nachdem sich diese zwei Spielerinnen kurz miteinander bekannt gemacht haben, finden sich jeweils zwei passende „Dominosteine" zusammen. Nach der Vorstellung bilden sich 4 zusammengehörige „Dominosteine" und stellen sich einander vor.

Wer die Wahl hat ...

für: Kinder ab 12 Jahren
Jugendliche
Erwachsene

Ein bekanntes Sprichwort heißt: „Wer die Wahl hat, hat die Qual". Bei unserem Spiel allerdings wird euch die Wahl hoffentlich nicht so schwerfallen.

Die Gruppe sitzt im Kreis. In der Mitte des Kreises liegt ein großes Papier, auf das die Spielleiterin 6–10 Begriffe aufgeschrieben hat, z.B. Spiel, Tanz, Musik, Familie, Arbeit, Kirche, Politik, Freizeit, Frieden ...

Jedes Gruppenmitglied darf davon drei Begriffe auswählen und sich damit vorstellen:

Dabei können die beiden folgenden Fragen leitend sein:
Warum habe ich sie gewählt?
Welche Bedeutung haben sie für mich?
Die Auswahl der Begriffe, die die Spielleiterin auf das Papier schreibt, hängt von der Zusammensetzung der Gruppe, dem Ziel des Seminars oder dem Anlaß des Zusammenseins ab.
Gegenüber manchem anderen Vorstellungsspiel hat dieses Spiel den Vorteil, daß diejenige, die sich vorstellt, sich mit den Begriffen sehr persönlich vorstellt und nicht unbedingt ihren Namen, Beruf, Herkunft u.a. verraten muß, was zu stereotypen Vorstellungen und entsprechenden, oft vorschnellen Einschätzungen führen kann.

Name und Bewegung

für: Kinder ab 8 Jahren (ohne Wiederholung auch für jüngere geeignet)
Jugendliche
Erwachsene

Oft prägt sich viel eher und eindrucksvoller als der Name eines Mitmenschen irgendeine für ihn typische Bewegung ein oder man wird durch eine Bewegung an eine liebe Bekannte oder eine Freundin erinnert. Manchmal geht es einem auch so, daß man an den Kindern typische Bewegungen ihrer Eltern wiederfindet. Daher ist eine Koppelung von Name und Bewegung

besonders geschickt. Beim nächsten Spiel könnt ihr es selbst ausprobieren.

Alle Mitspielerinnen sitzen oder stehen im Kreis. Die Spielleiterin fängt an, indem sie ihren Namen sagt und dazu eine Bewegung macht, die vielleicht sogar etwas über sie aussagt (z.B. Imitierung eines Instrumentes, pantomimische Darstellung einer Tätigkeit, eine Grußbewegung o.ä.). Alle wiederholen nun den Namen und die Bewegung. Anschließend nennt die linke Nachbarin ihren Namen und macht eine entsprechende Bewegung dazu. Die Gruppe wiederholt diesen und alle vorangegangenen Namen mit den jeweiligen Bewegungen.

Ist die Gruppe sehr groß, so kann man das Spiel vereinfachen, indem man immer nur die zehn letzten Namen wiederholt.

Was fällt dir zu deinem Vornamen ein?

für: Jugendliche ab 12 Jahren
Erwachsene
Gruppen, die sich intensiv kennenlernen wollen

Seinen Vornamen kann man sich normalerweise nicht aussuchen. Trotzdem haben sich wahrscheinlich schon die meisten Menschen über ihren Namen Gedanken gemacht oder verbinden irgendwelche besonderen Erlebnisse damit.

Die Teilnehmerinnen sitzen im Kreis. Eine beginnt zu erzählen, was ihr zu ihrem Vornamen einfällt:
z.B.:
- wie sie zu ihrem Vornamen gekommen ist
- ob ihr der Vorname gefällt
- welche Erfahrungen und Gefühle sie mit ihrem Namen verbindet
- welchen Namen sie vielleicht lieber hätte
- was ihr Vorname bedeutet

Ist ihre Geschichte beendet, kann die linke oder rechte Nachbarin weitermachen oder sie bestimmt selbst eine Nachfolgerin.

Als nächstes oder auch alternativ dazu erzählt jede zu ihrem Vornamen eine
- phantastische Geschichte
- ein Lügenmärchen
- einen Krimi u.ä.

Wenn jemand nichts zu ihrem Vornamen einfällt oder sie nichts sagen möchte, sollte das selbstverständlich akzeptiert werden. Sie bestimmt dann einfach eine Nachfolgerin und weiter geht es.

Das grüne Krokodil

für: Kinder ab 8 Jahren
altersgemischte Gruppen

Daß ein Krokodil grün ist, weiß jede, aber daß ein Krokodil nicht unbedingt wie ein Krokodil aussehen muß ...
Alle sitzen im Kreis. Die Spielleiterin hat irgendeinen Gegenstand in der Hand (z.B. ein grünes Tuch) und beginnt das Spiel. Sie gibt den Gegenstand an ihre linke Nachbarin weiter und sagt dazu: „Ich heiße ... (ihren Namen) und das ist das grüne Krokodil." Die zweite Spielerin nimmt das Krokodil und gibt es weiter indem sie sagt: „Das ist die ... (Name), ich bin die ... (Name) und das ist das grüne Krokodil. Auf diese Weise wird der Gegenstand immer weitergegeben, wobei jede Spielerin jeweils die Namen aller Personen nennt, die das Krokodil vor ihr in der Hand hatten. Das Spiel endet, wenn der Gegenstand wieder bei der Spielleiterin ankommt.
Man kann das Spiel in kleineren Runden auch schwieriger gestalten, indem man zuläßt, daß der Gegenstand seine Identität wechselt. Das kann dann z.B. so aussehen: „Ich bin die Andrea, Doris behauptet zwar, das sei ein Krokodil, Simone dagegen, es sei ein Würfel, ich aber behaupte, das ist ein grüner Waschbär."
Bei einer größeren Runde werden immer wieder Teilnehmerinnen dazwischen sein, die Probleme haben, alle Namen der Mitspielerinnen, die vor ihnen den Gegenstand hatten, zu wiederholen. In solchen Fällen ist natürlich Schützenhilfe von den anderen Mitspielerinnen gestattet. In großen Gruppen sollte man das Wie-

derholen der Namen auf die jeweils zehn letzten Personen beschränken.

Petra ein Ei

für: Kinder ab 8 Jahren
altersgemischte Gruppen

Fliegende Eier, Kuscheltiere, Fische, Würste und eine Klobürste? Ein Spiel beim Hausputz? Weit gefehlt, es handelt sich um ein Kennenlern- und Kontaktspiel in Form einer Gruppenjonglage. Mit viel Platz für freie Phantasien. Oder was fällt dir dazu ein, wenn dir eine Klobürste um die Ohren fliegt?
Es werden benötigt: Gummiei, Minifrisbee, Ball, Kuscheltiere, Klobürste oder, oder ... Gegenstände, die folgende Kriterien erfüllen:
gut zu werfen, gut zu fangen, tut nicht weh, ist nicht zu anstößig, witzig, erweckt besondere Assoziationen.
Die Mitspielerinnen stehen im Kreis. Die Spielleiterin holt das Gummiei hervor und erklärt, daß sie sich ihr Frühstücksei extra hart gekocht und aufbewahrt habe

für dieses Spiel. Vor dem Spiel bringt die Spielleiterin den Namen einer Teilnehmerin in Erfahrung und benennt das Spiel nach ihr. Sie sagt z.B. „das Spiel heißt Petra ein Ei“ und wirft Petra dabei das Ei zu. Petra sucht sich jetzt eine neue Adressatin für das Ei, ruft vielleicht: „Michaela ein Ei“ und wirft das Ei der entsprechenden Mitspielerin zu. Falls sie den Namen der Mitspielerin nicht kennt, so kann sie vor dem Wurf danach fragen. Das Ei fliegt nun im Zickzack durch den Kreis, bis jede Mitspielerin genau einmal dran war. Die Letzte wirft wieder zur Spielleiterin. Diese erklärt, daß das Ganze in der gleichen Reihenfolge noch einmal, aber etwas schneller wiederholt werden muß. Ist das Ei drei bis vier Stationen unterwegs, zieht die Spielleiterin einen neuen Gegenstand aus der Tasche und ruft z.B. „Petra ein Kuscheltier“. So können je nach Gruppengröße 6–8 verschiedene Gegenstände hintereinander losgeschickt werden. Was bei der Spielleiterin wieder ankommt, schickt sie noch einmal los oder steckt es wieder in die Tasche. Den Schluß sollte die Klobürste bilden. Ganz nebenbei hört man die Namen sämtlicher Mitspielerinnen.
Vor Spielbeginn sollte auf das einfache und sichere Werfen und Fangen hingewiesen werden. Das Spiel lebt von der Witzigkeit der ausgewählten Gegenstände.
Um noch einen Namen mehr zu lernen, kann das Spiel nach der ersten Runde auch rückwärts gespielt werden.
Oder: Die Mitspielerinnen bleiben nicht in der Kreisform stehen, sondern laufen frei im Raum herum. Das erfordert erhöhte Konzentration, da ich mich ständig neu informieren muß, wo sich die beiden Personen befinden, von denen ich den Gegenstand bekomme, oder denen ich ihn zuspielen muß. In dieser Version sollten maximal drei Gegenstände unterwegs sein.

Namensballon

für: Kinder ab 8 Jahren
altersgemischte Gruppen

Sich kennenzulernen ist Ausgangsbasis für jede neu zusammengetretene Gruppe. Voraussetzung dafür ist, daß man die anderen zumindest bei ihrem Namen nennen kann. Nach dem nächsten Spiel werdet ihr dafür sicher keine Namenskärtchen mehr benötigen.

Medium in diesem Spiel ist ein Luftballon oder ein Leichtball. Die Mitspielerinnen stellen sich im Kreis auf – den Beginn macht eine Person, indem sie sich in die Mitte begibt, den Luftballon senkrecht in die Höhe stößt, den eigenen Namen dabei ruft und sich wieder einreiht. Ihre Nachbarin (Richtung: Uhrzeigersinn) eilt daraufhin in die Mitte und wiederholt den Vorgang. Der Ballon muß ständig in der Luft sein.
Sind alle Teilnehmerinnen an der Reihe gewesen, beginnt die erste wieder, läuft in

die Mitte, ruft diesmal aber nicht ihren Namen, sondern den einer Mitspielerin auf. Die genannte Spielerin läuft dann zum Luftballon und ruft wieder eine andere Mitspielerin auf – usw., usw.
Bei diesem Spiel können verschiedene Varianten eingebaut werden, indem man z.B. den Kreis kleiner oder größer macht, oder eine andere Ausgangsstellung (z.B. Sitzen, Hocken, Liegen, mit dem Rücken zur Mitte stehen ...) einnehmen läßt.
Die Gruppe sollte bei diesem Spiel nicht zu groß sein, damit jede Spielerin den Ballon oft genug berühren kann, ohne daß das Spiel langweilig wird. Beachten sollte die Spielleiterin, ob bestimmte Namen nicht gerufen werden und diese dann selbst rufen.

Ich sitze im Grünen und liebe ...

für: Kinder ab 8 Jahren
altersgemischte Gruppen

Wer will denn nicht einmal bei einem Spiel lieben dürfen oder auch selber geliebt werden? Bei diesem Spiel dürft ihr endlich einmal so, wie ihr wollt.
Die Gruppe sitzt in einem Stuhlkreis. Ein Stuhl ist frei. Diejenige, die rechts oder links neben dem leeren Stuhl sitzt, beginnt mit dem Satz „Ich sitze“ und setzt sich dabei auf den freien Stuhl. Ihre Nachbarin rückt nach mit den Worten „im Grünen“ und die Dritte beendet den Satz „und liebe ...“ indem auch sie weiterrückt und

einen Namen aus der Runde nennt. Der oder die „Geliebte" darf sich auf den leeren Stuhl setzen. Das Spiel geht daraufhin bei einer Nachbarin des leergewordenen Stuhles weiter.
Man kann den Satz „Ich sitze im Grünen und liebe ..." umändern und auch verlängern, z.B. „Ich wandere – durch den Wald – an einem schönen Sommertag – mit einem großen Rucksack – und treffe dabei ..." (wieder einen Namen einsetzen).
Beobachtungskriterien: Wer wählt wen? Wer wird oft „geliebt", wer bleibt Außenseiter in der Gruppe?
Am Ende sitzt die Gruppe gut gemischt und viele Namen sind bekannt.

Ich schicke ein Signal an ...

für: Kinder ab 6 Jahren
Jugendliche
altersgemischte Gruppen

Für Leute, die sich gerne besser kennenlernen wollen und auch in einer größeren Gruppe etwas gemeinsam spielend tun wollen.

Man sitzt im Kreis. Eine Spielerin fängt an: „Ich schikke ein Signal an ... (nennt einen Namen aus der Gruppe), es soll so herumgehen (gibt die Richtung an) und sieht so aus (macht das Signal, z.B. ein Handkuß, ihrer Nachbarin vor, die macht es nach und gibt es somit weiter)". Die Empfängerin schickt dann ein neues Signal an jemand anderen im Kreis.

Es können auch Gegenstände weitergeschickt werden, überhaupt kann man bei den Signalen sehr viel Phantasie entwickeln.

Man kann auch so spielen, daß eine Spielerin ein Signal losschickt und „Halt" sagt, wenn es angekommen ist, wo es ankommen sollte. Diejenige nennt ihren Namen und schickt ein neues Signal los.

Das Spiel bietet vielfältige und interessante Beobachtungsmöglichkeiten, z.B.:
Wer denkt sich welches Signal aus?
Wer schickt wem ein Signal und welches?
Wie werden Signale weitergegeben u.ä.?

Computer kaputt

für: Kinder ab 8 Jahren
Jugendliche
Erwachsene
altersgemischte Gruppen

Wer schon einmal versucht hat, seine Spielesammlung oder etwas ähnliches ins Regal zu sortieren, weiß, welch schwieriges Unterfangen ein solches Vorhaben darstellt. Nach welchen Kriterien soll man sortieren? Kommt dieses Spiel hierhin oder dorthin? Je nach Kriterium kommt immer wieder eine ganz andere Ordnung heraus. Auch

beim nächsten Spiel werdet ihr merken, daß sortieren nicht immer einfach ist.

Die Spielleiterin gibt den Spielerinnen die Aufgabe, sich nach einem bestimmten Kriterium sortiert in einer Reihe aufzustellen. Während des Spiels soll nicht gesprochen werden. Verschiedene Sortieraufgaben können z.B. sein:

- nach der Größe
- nach eurer Augenfarbe
- nach eurem Alter
- nach der Schuhgröße

Mit etwas Phantasie fallen euch sicher auch noch andere Sortierkriterien ein.

Nach dem Sortieren darf selbstverständlich wieder geredet werden. Bei manchen Kriterien (z.B. Alter) wird sicherlich noch ein wenig umsortieren notwendig sein.

Spion zu Spion

für: Kinder ab 8 Jahren
Jugendliche
altersgemischte Gruppen

Wer ist als Kind nicht zusammen mit Erich Kästners Emil losgezogen und hat möglichst unauffällig irgendwelche bösen Buben beschattet. In unserem Spiel kommen zwar keine bösen Buben vor, aber eure Mitspielerinnen beschatten könnt ihr hierbei einmal nach Herzenslust.

Alle gehen zur Musik durch den Raum (ihr könnt da-

bei entspannende Musik verwenden, möglich wäre aber auch Kriminaltango o.ä.). Jede Spielerin sucht sich dabei eine Mitspielerin aus, die sie während des Herumgehens möglichst unauffällig beobachtet. Irgendwann stoppt die Spielleiterin die Musik und ruft laut: „Spion zu Spion". Jetzt versucht jede Spielerin möglichst schnell die Mitspielerin zu erreichen, die sie die ganze Zeit heimlich beobachtet hat.
Nach einer Weile setzt die Musik wieder ein und jede Spielerin wählt sich eine neue, die sie jetzt beobachtet.

Das „Menschenknäuel", welches nach dem Kommando „Spion zu Spion" entsteht, ist natürlich beabsichtigt und erleichtert eine zwanglose, wenn auch etwas chaotisch anmutende Kontaktaufnahme.

Für die Spielleiterin ist es sicher auch interessant zu beobachten, wer wen beschattet oder wer vielleicht von ganz vielen gleichzeitig beschattet wird usw.

Wer steckt hinter dem Tuch?

für: Kinder ab 6 Jahren
Jugendliche

Bei diesem Spiel könnt ihr schnell herausfinden, ob euch alle Namen in eurer Gruppe geläufig sind. Falls ihr die Namen sicher wißt, dann ist es auch noch ein gutes Reaktionsspiel.

Die Spielerinnen teilen sich in zwei Gruppen, die sich einander gegenüberstehen oder -sitzen. Zwischen beiden Gruppen wird ein großes undurchsichtiges Tuch gespannt (falls ihr keine Möglichkeit habt, das Tuch irgendwie aufzuhängen, müßt ihr zwei Mitspielerinnen abstellen, die das Tuch halten. (Wechsel nach einer gewissen Zeit nicht vergessen!).

Nachdem die beiden Gruppen nun keinen Blickkontakt mehr zueinander haben, wählt jede Gruppe möglichst lautlos eine Vertreterin, die sich auf ihrer Seite direkt vor das Tuch setzt. Sitzen beide Gruppenvertreterinnen, so fällt auf ein Kommando der Spielleiterin das Tuch. Wer jetzt zuerst den Namen der vor ihr sitzenden Spielerin sagt, hat gewonnen und nimmt die Verliererin mit auf die eigene Seite.

Dann wird das Tuch wieder neu gespannt.

Im Idealfall bleibt am Schluß nur noch eine Gruppe übrig. Wenn das Spiel zügig läuft, kann jede Gruppe ja einmal versuchen zwei oder gar drei VertreterInnen gleichzeitig loszuschicken.

Spots in movement

für: Kinder ab 8 Jahren
Jugendliche
altersgemischte Gruppen

Um möglichst schnell auf irgendeine Art mit möglichst vielen Teilnehmerinnen einer euch noch unbekannten Gruppe in Kontakt zu kommen, ist dieses Spiel hervorragend geeignet. Außerdem könnt ihr bei diesem Spiel gleich noch den Raum, in dem ihr euch befindet, ein wenig kennenlernen (ihr könnt das Spiel natürlich auch im Freien durchführen).

Alle Spielerinnen bewegen sich zur Musik kreuz und quer durch den Raum. Wenn die Musik stoppt, gibt die Spielleiterin eine Anweisung, die sofort und solange keine Musik zu hören ist, ausgeführt werden soll. Wenn

die Musik wieder einsetzt, bewegen sich alle erneut alleine durch den Raum bis zum nächsten Musikstop.
Einige Beispiele für Anweisungen:

- schüttelt möglichst schnell so viele Hände wie ihr nur könnt
- berührt schnell hintereinander alle Ecken des Raumes
- nehmt mit einer eurer Mitspielerinnen Kontakt auf und stellt euch gegenseitig vor
- klopft möglichst vielen Mitspielerinnen auf die Schulter
- schließt euch fest zusammen
- zupft möglichst viele Leute zärtlich am Ohr
- findet euch in Sechser-Gruppen zusammen, usw.

Bestimmt findet ihr selbst noch viele Ideen für weitere Aufgaben.
Das zuletzt angegebene Beispiel kann dazu benutzt werden, schnell und unkompliziert zu einer Gruppeneinteilung zu kommen, die ihr vielleicht für euer nächstes Spiel braucht.

Bohnenkönigin

für: Kinder ab 10 Jahren
Jugendliche
Erwachsene

Wer hat nicht schon einmal davon geträumt, ein König oder eine Königin zu sein? Bei diesem Spiel kann es mit etwas Geschick und Konzentration erreicht werden.
Jede Teilnehmerin erhält 5 Bohnen. (Wir legen die Bohnen meist schon auf die Stühle, bevor die Teilnehmerinnen den Raum betreten, um dadurch ein wenig die Neugierde zu wecken.) Die Spielerinnen nehmen zu Beginn des Spiels die Bohnen in die Hand und laufen im Raum herum. Dabei versucht man eine Person, die man unterwegs trifft, in ein Gespräch zu verwickeln. Regel: In dem Gespräch darf man die Worte „ja" und „nein" nicht benutzen. Auch nonverbale Äußerungen wie Kopfschütteln oder Nicken sind nicht erlaubt. Man kann die Antwort ja (upps, das war schon das erste „ja"!) auch umschreiben. Für jedes „ja" oder „nein" muß man der anderen eine Bohne abgeben. Nach einer gewissen Zeit wird das Spiel abgebrochen. Wer die meisten Bohnen hat, ist dann Bohnenkönigin oder Bohnenkönig.
Bei der Auswertung sollte man nicht so „streng" vorgehen und den Konkurrenzcharakter entschärfen („Wer hat weniger als drei Bohnen?" anstatt „Und wer hat gar keine Bohne mehr?"). Das Ziel des Spieles ist ja eigentlich nicht: „Wer hat die meisten Bohnen?", sondern daß man mit verschiedenen Menschen spielerisch ins Gespräch kommt.

Wir haben alle im Blick

für: Kinder ab 8 Jahren
Jugendliche
altersgemischte Gruppen

Wer wunderte sich als Kind nicht über die Lehrerin, die immer alles und jede im Blick hatte und der nichts entging? Bei diesem Spiel werdet ihr sehen, daß das gar nicht so einfach ist und daß es ein gehörig Maß an Konzentration bedarf, um seine Mitspielerinnen nicht immer wieder aus den Augen zu verlieren.

Alle Spielerinnen gehen zur Musik durch den Raum und versuchen dabei möglichst alle anderen Mitspielerinnen wahrzunehmen und im Auge zu behalten.

Bei Musikstopp durch die Spielleiterin bleibt jede Spielerin sofort stehen und schließt die Augen. Dann nennt die Spielleiterin einen Namen aus der Gruppe und jede Spielerin zeigt (mit immer noch geschlossenen Augen) in die Richtung, von der sie meint, daß dort die Genannte steht. Dann gibt die Spielleiterin das Kommando „Augen auf" und jede kann nun sehen, ob die Richtung stimmt oder wie weit sie daneben liegt.

Und schon geht die Musik wieder an und jede läuft wieder durch den Raum und konzentriert sich auf ihre Mitspielerinnen.

Auch bei diesem Spiel lassen sich interessante Beobachtungen machen, z.B. welche Personen werden von ziemlich vielen Spielerinnen richtig gezeigt, bei welchen Gruppenmitgliedern kennt fast niemand den momentanen Standort usw.

Waagrechtwort

für: Kinder ab 10 Jahren
Jugendliche
Erwachsene

Damit man sich in einer Gruppe besser kennenlernt, ist es von Vorteil, wenn man möglichst schnell die Namen weiß. Deshalb werden bei vielen Seminaren, Tagungen und Konferenzen die Teilnehmerinnen mit kleinen Namensschildern an der Kleidung oder größeren Schildern mit Namen, die man vor sich auf den Tisch stellt, ausgewiesen.
Die Spielleiterin hat folgende Materialien in der Mitte des Sitzkreises deponiert:

- DIN A4 Pappen
- Bindfadenrolle
- Filzstifte
- Locher

Jede Mitspielerin schreibt den Namen, mit dem sie gerne angesprochen werden möchte (in Großbuchstaben, gut lesbar) – möglichst waagrecht – in die Mitte der Pappe. Nachdem die Pappe gelocht ist, hängt sich jede mit Hilfe des Bindfadens ihr Namensschild um den Hals. Nun bittet man möglichst viele in der Spielrunde ihren eigenen Namen senkrecht oder auch wieder waagrecht (wie bei einem Kreuzworträtsel) in den eigenen Namen hineinzuschreiben.

Man kommt bei diesem Spiel mit vielen Mitspielerinnen in Kontakt und diese Namenssammlung wird oft mit nach Hause genommen.

Kommunikationsspiele

Nach der ersten Phase des Kennenlernens können nahtlos die Kommunikationsspiele folgen, wobei es sicher viele Übergangsspiele gibt.
Nach einem Axiom von Paul Watzlawick kann der Mensch nicht nicht kommunizieren. Die zwischenmenschliche Kommunikation ist also ein wesentlicher Aspekt des Menschseins. Trotzdem verspüren viele Menschen beim direkten Zugehen auf einen anderen Menschen Ängste, Hemmungen und Verhaltensunsicherheiten. Kommunikationsspiele können dazu beitragen, solche Ängste und Hemmungen abzubauen. Dazu ist es jedoch notwendig, daß die Spielleiterin bei der Planung auf einige Dinge achtet: Je nach Stand der Gruppe sollte sie z.B. darauf sehen, daß die Beziehungen der Spielerinnen untereinander langsam und stufenweise hergestellt werden. Es ist daher günstig, zuerst Spiele auszuwählen, bei denen die einzelne in der Gesamtgruppe untertauchen kann, bevor man zu Kleingruppen und Paarspielen übergeht. Daneben sollte natürlich noch, wie bei allen Spielreihen, auf einen Wechsel bezüglich des „Temperaments" der Spiele geachtet werden (also Wechsel zwischen ruhigen und bewegten Spielen, zwischen Spielen die Konzentration erfordern und Spielen, die mehr der Entspannung dienen, usw.).
Kommunikationsspiele können helfen, das Gruppengefühl zu stärken und Außenseiter zu integrieren. Durch umsichtig eingesetzten Körperkontakt können Berührungsängste abgebaut werden und durch Bewe-

gung, Platzwechsel, verbale und nonverbale Kommunikation kann die einzelne in der Gruppe „sichtbar“ gemacht werden. Durch Kommunikationsspiele können der Gruppe, aber auch der einzelnen Erfolgserlebnisse verschafft werden.

Freunde finden

für: Kinder ab 8 Jahren
Jugendliche
Erwachsene
altersgemischte Gruppen

Wer sich gerne alleine auf die Socken macht und unterwegs möglichst viele Freundinnen treffen will, sollte dieses Spiel unbedingt einmal ausprobieren.

Alle bewegen sich nach Musik frei im Raum oder auf einer Wiese. Falls gerade kein Tonband o.ä. zur Hand ist, könnt ihr auch einfach gemeinsam ein Lied singen. Die Spielleiterin unterbricht plötzlich mit einer Anweisung, z.B. „5 Freundinnen in einem Ruderboot". Nun sollen sich möglichst schnell 5 Mitspielerinnen zu einer Rudermannschaft zusammenfinden und ihr großes Rennen fahren. Nach einer Aufforderung der Spielleiterin lösen sich die Gruppen wieder auf und jede bewegt sich wieder alleine bis eine neue Anweisung erfolgt, z.B. „zwei Freundinnen fahren Tandem", „6 Musikerinnen spielen in einer Musikkapelle zusammen", „3 Freundinnen finden sich nach einem Flugzeugabsturz im Dschungel wieder", „8 Freundinnen spielen zusammen Tauziehen", „4 betrunkene Freundinnen auf dem Nachhauseweg", „findet euch zu dritt zusammen und stellt ein Denkmal zum Thema Spiel dar" usw. Bei diesen Anweisungen sind der Phantasie keine Grenzen gesetzt.

Die Anzahl der Freundinnen muß nicht unbedingt vorgegeben werden. Es könnten sich z.B. auch alle Freundinnen mit der gleichen Strumpffarbe oder mit der glei-

chen Schuhgröße oder deren Vornamen mit dem gleichen Buchstaben anfangen u.ä. treffen.
Das Spiel kann auch ohne Spielleiterin durchgeführt werden. Unterbrechen darf dann einfach jede, die gerade eine tolle Idee hat.
Das Spiel ist nicht als Ausscheidungsspiel gedacht, denn alle wollen ja Freundinnen finden. Das bedeutet, daß z.B. bei der Anweisung „5 Freundinnen in einem Ruderboot“ auch einmal weniger oder mehr als 5 MitspielerInnen eine Regatta fahren können.
Dieses Spiel eignet sich auch sehr gut dazu, eine Großgruppe in Kleingruppen aufzuteilen, die man vielleicht gerade dringend für ein anderes Spiel braucht (s.a. „Spots in movement“).

Schoßsitzen (Sitzschlange)

für: Kinder ab 10 Jahren
Jugendliche
Erwachsene

In diesem Spiel könnt ihr eine Möglichkeit kennenlernen, Platz zu nehmen, ohne für Stühle sorgen zu müssen, egal ob die Gruppe der Mitspielerinnen nun 20 oder 2 000 Personen umfaßt (weniger als 20 Personen sollten es nicht sein, mehr als 2 000 können es ruhig sein).

Alle Teilnehmerinnen stellen sich möglichst eng (Körper an Körper) hintereinander im Kreis auf. Der Kreis muß schön rund sein und darf keine Ausbuchtungen haben. Auf ein Kommando gehen alle ganz langsam in die Hocke und landen automatisch auf dem Schoß des Hintermannes oder der Hinterfrau (wichtig: schön auf die Oberschenkel setzen und nicht nur auf die Knie).

Wenn das Schoßsitzen gelingt, ist es eine eindrucksvolles Erlebnis, wenn es nicht gelingt, gibt es ein spektakuläres Durcheinander. In einem solchen Fall nicht den Mut verlieren und ruhig noch einmal anfangen.

Hat die Gruppe eine Sitzschlange zustande gebracht, so kann man zur Krönung noch gemeinsame Bewegungen versuchen wie winken, der Vorderfrau, dem Vordermann einen Witz erzählen, wie eine Riesenraupe vorwärts oder rückwärts laufen, solange, bis aus dem Schoßsitzen ein liegendes Menschenknäuel wird.

Das Spiel kann man in einem Raum mit Teppichboden machen, schöner ist es aber natürlich im Freien auf einer weichen Wiese.

Geräuschlawine

für: Kinder ab 8 Jahren
Jugendliche
altersgemischte Gruppen

Das langsame An- und Abschwellen der Geräusche im folgenden Spiel läßt sehr schnell die Beziehung zu einer Lawine nachvollziehen.

Die Spielleiterin gibt nach und nach vorbereitete beschriftete Kärtchen in die Sitzrunde mit folgenden Hinweisen:

- den Text, der auf der Karte steht, lesen
- das Kärtchen weiterreichen
- die gelesene Aufforderung so lange durchführen, bis man ein neues Kärtchen mit einer neuen Aufgabe erhält

Es kann sich dabei um folgende Aufforderungen handeln: Klatschen, Summen, Stampfen, Ah-sagen, Lachen, Weinen, Pfeifen, Gähnen, Schweigen, Schreien, Buh-rufen usw.

Je nach Größe der Gruppe sollte man den Umlauf der Karten so steuern, daß immer mehrere Karten gleichzeitig unterwegs sind. Wichtig ist es, darauf zu achten, daß die entsprechenden Geräusche wirklich so lange gemacht werden, bis ein neues Kärtchen kommt (nicht nur einmal kurz pfeifen und dann warten, bis das nächste Kärtchen kommt).

Ein leeres Kärtchen ist ein witziger Abschluß und hinterläßt eine Stille, in die man gut das nächste Spiel ansagen kann.

Reise nach Jerusalem

für: Kinder ab 5 Jahren
Jugendliche
altersgemischte Gruppen

Sicher werden viele von euch das hektische Ausscheidungsspiel kennen, bei dem sich am Ende nur eine nicht ärgert, nämlich die, die als letzte noch einen Stuhl erwischt. Dafür ist sie, wenn sie Pech hat, mit einigen blauen Flecken gesegnet. Daß es auch anders geht, zeigt euch das folgende Spiel.

Die Spielleiterin hat zwei Sorten von Kärtchen vorbereitet. Auf der einen Sorte ist ein Strichmännchen und auf der anderen Sorte ein Stuhl abgebildet. Jede Mitspielerin erhält ein Kärtchen (entweder ein Männchen oder einen Stuhl, wobei die Spielleiterin darauf achten muß, daß immer genausoviele Männchen wie Stühle im Spiel sind). Nun dürfen die Spielerinnen zur Musik (im Notfall geht es natürlich auch ohne; dann müßt ihr halt selbst singen) kreuz und quer im Raum herumlaufen. Dabei tauschen sie mit jeder, der sie begegnen verdeckt ihr Kärtchen. Wenn die Musik stoppt, schaut jede schnell, welche Abbildung sich auf ihrem Kärtchen befindet. Der „Stuhl" bildet mit seinem Oberschenkel dann eine Sitzbank, während der „Mensch" sich vorsichtig auf einen „Stuhl" setzen darf. Wenn die Musik wieder einsetzt, beginnt erneut ein reger Tauschhandel.

Das Spiel läßt sich auch ohne Kärtchen mit echten Stühlen spielen, genauso wie bei der herkömmlichen Spielweise. Auch hier wird während jeder Runde ein Stuhl entfernt. Die Aufgabe lautet jetzt allerdings: Alle müssen Platz finden, auch wenn es immer weniger Stühle werden (vielleicht schafft ihr es, mit 20 Leuten auf einem Stuhl Platz zu finden – probiert es aber nicht gerade mit einem Klappstuhl).

Die Ankündigung dieses Spieles löst oft Unmut bei den Mitspielerinnen aus, da dabei ungute Erinnerungen hochkommen. Beim Spielen kommt dann das große „Aha-Erlebnis".

Elefanten – Niesen

für: Kinder ab 5 Jahren
altersgemischte Gruppen

Hast du schon einmal einem Elefanten beim Niesen zugehört? Ich jedenfalls nicht, aber interessieren würde es mich schon, wie sich das anhört – bestimmt gewaltig.

Die Spielleiterin teilt die Mitspielerinnen in Gruppen ein, die die Aufgabe haben, verschiedene Laute auf ein Kommando hin kräftig und kurz auszustoßen. Wie das funktioniert, wird am besten an einem Beispiel deutlich:

eine Gruppe: kurzes A
eine Gruppe: kurzes U
eine Gruppe: K
eine Gruppe: Sch
eine Gruppe: kurzes O
eine Gruppe: schrilles I

Zuerst läßt die Spielleiterin die Laute einzeln proben, bevor dann zum Schluß alle gemeinsam dreimal hintereinander ein kräftiges Hatschi ausstoßen.

Die Buchstaben der einzelnen Gruppen können auch so ausgewählt werden, daß sie in einer bestimmten Reihenfolge dirigiert ein Wort ergeben, das vielleicht eine besondere Bedeutung für die Gruppe hat. Statt einzelner Buchstaben kann man auch Silben nehmen, wodurch sich unter Umständen auch kurze Sätze dirigieren lassen (wer von den Mitspielerinnen merkt als erster, was dirigiert wird?).

Dieses Spiel eignet sich sehr gut auch für große Grup-

pen. Es kommt darauf an, daß die Spielleiterin mit einem gewissen Schwung dirigiert und die verschiedenen Gruppen aus der Reserve lockt (ruhig einzelne Gruppen auch ein bißchen proben lassen).

Pferderennen

für: Kinder ab 5 Jahren
Jugendliche
Erwachsene

Wenn du deine Mitspielerinnen einmal im Sitzen geistig und körperlich auf Trapp bringen willst, dann ist Pferderennen vielleicht das Richtige für dich.

Die Mitspielerinnen sitzen im Kreis. Die Spielleiterin erklärt, daß ein Besuch auf der Pferderennbahn gemacht wird. Es herrscht normaler Trainingsbetrieb. Die Mitspielerinnen machen nach, was die Spielleiterin vormacht.

„Die Pferde traben auf der Bahn."
- Handflächen auf die Oberschenkel schlagen

„Jetzt kommt die einfache Hürde. – Wupp"
- mit beiden Händen Sprung über eine Hürde andeuten
- Handflächen auf die Oberschenkel schlagen

„Und jetzt die Doppelhürde – Wupp, Wupp"
- mit beiden Händen zwei Sprünge übereinander andeuten
- mit beiden Händen Sprung über eine Hürde andeuten

– Handflächen auf die Oberschenkel schlagen
„Jetzt kommt die Knüppelbrücke."
– mit beiden Fäusten auf den Brustkorb trommeln
(Zu jeder neu hinzugekommenen Bewegung werden die vorhergehenden Tätigkeiten wie oben wiederholt.)
„Danach geht es über den Wassergraben."
– alle Finger rechts und links vom Mund auf und ab bewegen und gleichzeitig die Zunge leicht herausstrecken und etwas „feucht" ausatmen
„Da kommt die Hecke von links. – Wusch"
– mit der linken Hand schnell an den Haaren nach hinten fahren
„Gleich darauf in die Linkskurve"
– den Oberkörper nach links legen
„Jetzt kommt die ganz gefürchtete Hecke von unten."
– mit den Fingern den Bauch kitzeln, den Kopf in den Nacken legen und „Aahh" rufen
„Wir kommen so langsam in die Zielgerade, vorbei an den Zuschauern die im falschen Stadion sitzen. – Ole, ole, ole, ole"
– beide Hände über dem Kopf hin- und herschwenken
„Da kommt die Tribüne mit den kreischenden Frauen.
– „Jiiiii"
– Hand an den Mund legen und kreischen
„Und jetzt kommt der Endspurt ins Ziel. – Zielfoto!"
– mit einer Hand das Viktory-Zeichen hochhalten und mit übertriebenen „Keep-smiling" in die Runde schauen
„Die Zuschauerinnen klatschen Beifall."
– in die Hände klatschen
Die Spielleiterin läßt den Kreis enger zusammenrükken und kündigt das Haupttrennen an, mit 100 000 DM Siegprämie.
„Die Pferde stehen in den Startboxen und scharren vor Aufregung mit den Hufen."

– mit den Fingern auf den Oberschenkeln entlangkratzen
„Und die Pferde wiehern."
– wiehern
Dann wird alles noch einmal in einem viel schnelleren Tempo durchgespielt und die Reihenfolge etwas verändert.
Dieses Spiel läßt sich sehr leicht auf ein anderes Thema umschreiben (z.B. Achterbahn, Jugenherberge, usw.). Es können auch ständig neue Einschübe ergänzt oder ersetzt werden. Bedingung: Bewegung und Geräusche müssen im Sitzen ausgeführt werden können. Das Spiel lebt von der witzigen, spritzigen, animativen Anleitung.

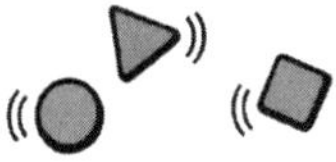

Löwenjagd

für: Kinder ab 5 Jahren
altersgemischte Gruppen

Um echte Löwen zu sehen, geht man entweder in den Zoo oder fährt nach Afrika. Ersterer ist nicht gerade unbedingt in der Nähe und für das zweite habt ihr vielleicht gerade das Flugzeug verpaßt. Naja, nicht so schlimm, kommt einfach mit uns auf Löwenjagd.

Alle Spielerinnen sitzen im Kreis. Die Spielleiterin stimmt mit folgenden Worten auf die Jagd ein: „Wir gehen heut auf Löwenjagd und haben keine Angst. Wir haben einen großen Rucksack und ein scharfes Schwert. Uhh!" und schon kommen wir an unser erstes Hindernis: „Oh, was ist denn das? Hohes Steppengras um uns herum. Man kann nicht drüberher, man kann nicht drunterher – nein, man muß mitten hindurch" (mit dem scharfen Schwert wird das Steppengras abgemäht).

Schon stellt sich ein neues Hindernis in unseren Weg: „Wir gehen heut auf Löwenjagd und haben keine Angst. Wir haben einen großen Rucksack und ein scharfes Schwert. Uhh! Oh was ist denn das? Ein riesengroßes Buschfeuer, das alles verschlingt. Man kann nicht drüberher, man kann nicht drunterher – nein, man muß mitten hindurch" (zusammen blasen die Spielerinnen das Buschfeuer aus).

Kaum ist das Buschfeuer gelöscht, stehen wir vor einem reißenden Gebirgsbach. „Wir gehen heut auf Löwenjagd und haben keine Angst. Wir haben einen großen Rucksack und ein scharfes Schwert. Uhh! Oh, was

ist denn das? Ein reißender Gebirgsbach mitten in unserem Weg. Man kann nicht drüberher, man kann nicht drunterher – nein, man muß mitten hindurch" (die Spielerinnen durchschwimmen den Gebirgsbach).
Endlich gelangen wir zu einer geheimnisvollen Höhle.
„Wir gehen heut auf Löwenjagd und haben keine Angst. Wir haben einen großen Rucksack und ein scharfes Schwert. Uhh! Oh, was ist denn das? Eine Mähne, ein Körper, ein Schwanz (dabei alles in die Luft zeichnen) – ein Löwe!!
Schnell zurück: Durch die Höhle, den reißenden Gebirgsbach, das Buschfeuer, das wieder entflammt ist, das wieder nachgewachsene Steppengras ... immer schneller und schneller, zurück ins Hotel, Tür auf – Tür zu! Geschafft!"
„Da haben wir gerade noch einmal Glück gehabt! So eine Löwenjagd ist halt doch nicht so einfach."
Je nach Gruppe könnt ihr den Weg zur Höhle natürlich noch ausführlicher gestalten. Ihr müßt nur aufpassen, daß ihr euch dann auf dem Rückweg nicht verlauft.

Regenspiel

für: Kinder ab 6 Jahren
Jugendliche
Erwachsene
altersgemischte Gruppen

Ihr wollt eine Spielrunde im Freien machen, vielleicht ein ganzes Wochenende draußen verbringen oder ihr traut diesem Flachdach der neuen Sporthalle nicht. Ihr schaut besorgt zum Himmel – es könnte noch regnen – auch wenn jetzt die Sonne lacht. Da hilft nur eines – ihr spielt das Regenspiel.

Alle sitzen oder stehen im Kreis. Die Spielleiterin erklärt: „Da wir nicht naß werden wollen, machen wir jetzt gleich Regengeräusche, so daß die Wolken, die

hier oben drüber ziehen, denken, hier unten regnet es ja schon und dann ohne zu regnen weiterziehen. Ich zeige jetzt meiner linken Nachbarin ein Geräusch. Sie macht es nach und zeigt es dann wiederum ihrer linken Nachbarin. So geht es den ganzen Kreis herum, bis es wieder bei mir ankommt. Dann schicke ich ein neues Geräusch los. Jede macht dieses Geräusch so lange, bis sie ein neues Geräusch von ihrer rechten Nachbarin gezeigt bekommt. Alles klar? Wir probieren das jetzt einfach mal."

Nun werden nacheinander folgende Körpergeräusche losgeschickt:

1. Zeige- und Mittelfinger beider Hände aufeinanderschlagen
2. Mit allen Fingern auf den oberen Brustkorb klopfen
3. Mit den Handflächen auf den Hintern schlagen
4. In die Hände klatschen
5. Mit den Füßen trampeln
6. Finger schnipsen (abwechselnd)
7. Mit der Zunge schnalzen (Rhythmus)
8. Die Handflächen aneinander reiben
9. Zeigefinger auf den Mund legen – pssst

„So, ich glaube, jetzt haben die Wolken dort oben kapiert, daß es hier schon naß genug ist und ziehen weiter, ohne zu regnen. Ich kann euch sagen, daß wir mit diesem Spiel sehr gute Erfahrungen gemacht haben, meistens hat es dann nicht geregnet."

Die Geräusche sind individuell gestalt- und austauschbar. Bewährt hat sich aber, wenn man am Körper von oben nach unten geht, leise anfängt, dann die Geräusche zum Platzregen anschwellen läßt und wieder mit einem Nieselregen endet.

P.S. Es scheinen ja schon eine Menge Menschen die Regenwolken weiterzuschieben, nach dem was alles in den letzten Wochen auf meine Scheiben prasselt.

Autowäsche

für: Kinder ab 5 Jahren
Jugendliche
Erwachsene
altersgemischte Gruppen

Wer sein Auto schnell und bequem vom Schmutz befreien will, der fährt es einfach durch eine Waschanlage. Wer selbst einmal die wunderbaren Bürsten, Schwämme und Wasserdüsen genießen will, der kann schon einmal den ersten Gang einlegen und langsam losfahren.

Die Spielerinnen, die die Waschanlage darstellen, stehen sich in zwei gleichlangen Reihen gegenüber. Der Abstand zwischen den Reihen sollte etwa eine Armlänge betragen. Eine Spielerin stellt das Auto dar und

geht an den Anfang der Waschanlage. Dort wählt sie ihr individuelles Waschprogramm aus, indem sie z.B. kundtut, ob sie gründlich gebürstet oder lieber nur schonend mit dem Schwamm abgewaschen werden will. Dann bewegt sich die Spielerin auf allen Vieren durch die Reihen hindurch, die jetzt ihre Arbeit aufnehmen. Die Spielerinnen in den Reihen spritzen mit ihren Händen und Armen das Auto voll Wasser, seifen es ein, befreien es vom Dreck und blasen es wieder trocken. Die Spielerin, die das Auto darstellt, könnte vorher noch angeben, um welche Automarke es sich bei ihrem Wagen handelt. Bei der Fahrt durch die Waschanlage sollte sie dann natürlich versuchen, den gewählten Autotyp nachzuahmen.

Man sollte die Spielerinnen, die die Waschanlage spielen, vor Spielbeginn noch einmal darauf aufmerksam machen, daß sie nur das vom Kunden gewählte Waschprogramm ausführen, und daß sie so arbeiten müssen, daß der Lack auf keinen Fall beschädigt wird.

Dusche

für: Kinder ab 6 Jahren
Jugendliche
Erwachsene

Überall kann man heute Aufrufe hören, mit unserem kostbaren Wasser sparsam umzugehen. Bei diesem Spiel könnt ihr einmal ein grenzenloses Duschvergnügen ohne jegliches schlechtes Gewissen genießen, denn

Wasser wird bei dieser Art von Dusche überhaupt keines benötigt.
Die Spielerinnen finden sich jeweils zu Dreiergruppen zusammen. Eine darf sich „duschen", die beiden anderen stellen jeweils die Dusche dar. Die, die duscht, stellt sich zwischen die beiden anderen Spielerinnen und nun wird die Dusche angestellt. Das sanft herabrieselnde Wasser wird durch die Fingerspitzen dargestellt. Zuerst trifft es auf dem Kopf auf und wandert dann an beiden Seiten langsam über die Arme bis hinunter zu den Zehenspitzen und – ganz entgegen den Gesetzen der Schwerkraft – den ganzen Weg wieder zurück. Ihr könnt euch dabei viel Zeit lassen. Ist die erste „fertig geduscht", so darf die nächste Spielerin unter die Dusche und anschließend die dritte Spielerin. Ihr werdet sehen, auch ohne Wasser ist duschen ein Vergnügen.
Die beiden Spielerinnen, die die Dusche darstellen, sollten darauf achten, daß sie die Spielerin in der Mitte möglichst gleichmäßig duschen (also nicht so, daß die Spielerin auf der rechten Seite noch am Arm geduscht wird, während auf der linken Seite schon die Zehen naß werden). Die Spielerin in der Mitte kann, um den Duschgenuß noch zu erhöhen, die Augen schließen.
Als günstig hat es sich erwiesen, während dieses Spiels eine angenehme Hintergrundmusik laufen zu lassen (wie wäre es z.B. mit der „Wassermusik" von Georg Friedrich Händel?).

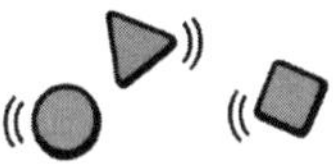

Das ist ein Hund

für: Kinder ab 8 Jahren
Jugendliche
Erwachsene
altersgemischte Gruppen

Vor dem Hund in diesem Spiel braucht keine Spielerin Angst zu haben. Jede kann ihn gefahrlos in die Hand nehmen und weiterreichen.

Zu diesem Spiel benötigt man zwei beliebige unterschiedliche und handliche Gegenstände, die man leicht im Kreis weiterreichen kann. Der erste Gegenstand soll eine Katze darstellen, während der zweite Gegenstand

einen Hund versinnbildlichen soll. Die Gruppe sitzt im Kreis, die Spielleiterin beginnt. Sie reicht ihrer linken Nachbarin die „Katze" mit der Bemerkung „dies ist eine Katze". Gleichzeitig reicht sie ihrer rechten Nachbarin den anderen Gegenstand mit der Bemerkung „dies ist ein Hund". Diejenige, die den Gegenstand gerade überreicht bekommen hat, zeigt sich verblüfft und fragt zurück „was ist das?", worauf sie sofort die Antwort bekommt, „das ist eine Katze". Jetzt hat sie sich überzeugen lassen und gibt den Gegenstand an die nächste weiter mit der Behauptung „das ist eine Katze" oder in der anderen Richtung „das ist ein Hund". Die jeweils neu Hinzugekommene fragt dann wieder zurück „was ist das?". Diese Frage muß jeweils bis zur Startspielerin zurückgegeben werden und auch die jeweilige Antwort muß dann immer über alle Teilnehmerinnen weitertransportiert werden.

Bei der jeweils dritten bis vierten Mitspielerin auf jeder Seite wird dieses Spiel sehr klar und läuft auch zügig. Interessant und kompliziert wird es in dem Moment, wo sich „Hund" und „Katze" bei einer Mitspielerin kreuzen. Laßt euch überraschen (Kopfschüttelnde Mitspielerinnen bedeuten dann nicht unbedingt, daß das Spiel keinem gefällt).

Spiel der Stummen

für: Jugendliche ab 12 Jahren
Erwachsene
Gruppen, die sich intensiver kennenlernen möchten

In diesem Spiel geht es darum, das Kooperationsverhalten von Gruppen zu überprüfen, die unter Streß (hier: Zeitdruck) eine Aufgabe lösen müssen.
Das Spiel bietet eine gute Möglichkeit für den Einstieg in eine Diskussion über die Kooperationsfähigkeit einer Gruppe.
Die Spielleiterin hat 5 Quadrate vorbereitet (10 x 10 cm), die – wie bei einem Puzzle – in 3 Teilstücke zerschnitten werden. Jedes Quadrat muß unterschiedlich zerteilt werden. Man benötigt für das Spiel einen Satz von 2 x 5 Quadraten, da 2 Gruppen mit jeweils 5 Teilnehmerinnen „gegeneinander antreten". Jede Teilnehmerin erhält einen Umschlag mit Quadratteilen, wobei die einzelnen Stücke so auf die Umschläge verteilt sind, daß keine allein ein ganzes Quadrat zusammensetzen kann. Die Fünfer-Gruppen setzen sich an getrennte Tische, so daß sie sich gegenseitig nicht stören oder beeinflussen können. Auf ein Zeichen der Spielleiterin hin öffnet jede ihren Umschlag. Die Aufgabe der Gruppe besteht nun darin, aus den vorhandenen Teilstükken 5 gleichgroße Quadrate zu legen. Die Aufgabe ist dann gelöst, wenn jedes Mitglied ein vollständiges Quadrat vor sich liegen hat.
Während des Spiels müssen folgende Regeln eingehalten werden:

– die Gruppenmitglieder dürfen nicht miteinander sprechen oder sich durch Zeichen verständlich machen,
– keine Spielerin darf sich aus Figuren der Mitspielerinnen Stücke nehmen, oder andeuten, daß sie ein Teilstück benötigt,
– Teilstücke, die eine Mitspielerin nicht verwenden kann, muß sie in die Mitte des Tisches legen. Nur von dort darf man sich neue Teilstücke nehmen.

Jede Gruppe sollte nach Möglichkeit eine „Beobachterin" zugeteilt bekommen, die auf die Einhaltung der Spielregeln achtet und die Verhaltensweisen der Mitspielerinnen während des Spiels registrieren kann. In diesem Spiel wird die Beherrschung einzelner Gruppenmitglieder durch andere z.B. redegewandtere ausgeschaltet, denn durch die Regeln sind ihnen alle verbalen und nonverbalen Waffen aus der Hand genommen. Alle sind aufeinander angewiesen.

Trotzdem können nach dem Spiel viele Fragen offen sein, die eine Diskussion darüber geradezu herausfordern.

Solche Fragen könnten z.B. sein:

– *wie fühlt man sich, wenn eine andere ein wichtiges Teilstück für die Lösung der Aufgabe festhält, ohne selbst die Lösung sehen zu können*
– *welche Gefühle tauchen auf, wenn eine aus der Gruppe ihr Quadrat – allerdings in einer falschen Form - fertiggestellt hat und sich mit selbstzufriedenem Lächeln zurücklehnt*
– *woran lag es, daß die Gruppe nicht in der Lage war, die Aufgabe gemeinsam zu lösen, usw.*

Das Spiel kann natürlich auch in drei oder vier Fünfer-Gruppen gleichzeitig gespielt werden, falls ihr genug Mitspielerinnen habt.

Korbwalzer

für: Kinder ab 10 Jahren
Jugendliche
Erwachsene

Es soll ja Menschen geben, die absolut ungern Walzer tanzen. Bei diesem Spiel brauchen sie sich keine Sorgen zu machen. Das Wort Walzer steckt zwar im Namen, getanzt wird bei diesem Spiel jedoch in keiner Weise.

Die Spielerinnen sitzen im Kreis. In die Mitte des Kreises werden drei Stühle gestellt. Eine Freiwillige setzt sich auf den mittleren der drei Stühle und stellt sich als ein Gegenstand oder Lebewesen vor. So sagt sie z.B.: „Ich bin ein Baum". Nun setzen sich schnell links und rechts von ihr zwei Spielerinnen auf die Stühle und stellen sich als etwas vor, was sie dazu assoziieren. Die eine sagt z.B.: „Ich bin ein Ast", während die andere vielleicht sagt: „Ich bin ein Vogelnest". Nun wählt sich der „Baum" eine der beiden aus, z.B. sagt sie: „Ich nehme den Ast". Die beiden setzen sich wieder auf ihre Plätze im Kreis. Das „Vogelnest" dagegen setzt sich jetzt auf den mittleren der drei Stühle. Rechts und links nehmen jetzt vielleicht ein „Vogel" und ein „Ei" Platz. Zu dem übriggebliebenen Vogel kommt dann eventuell der „Himmel" und eine „Feder" usw. Ihr werdet staunen, wohin euch eure Assoziationen überall führen.

Dieses Spiel ist eines der sogenannten „Endlosspiele", d.h. es gibt kein vorgegebenes Ende, kein festgelegtes Spielziel. Die Spielleiterin muß den richtigen Zeitpunkt für das Beenden des Spieles an der Gruppe abspüren.

Gut ist es, wenn die Spielleiterin in diesem Moment auf dem mittleren der drei Stühle sitzt und statt sich als Gegenstand oder Lebewesen vorzustellen einfach zum nächsten Spiel überleitet.

Lebendiges Mühlespiel

für: Kinder ab 10 Jahren
Jugendliche
Erwachsene

Bei diesem Mühlespiel könnt ihr euer Spielbrett getrost zu Hause lassen. Die Spielfläche ist da, wo ihr gerade sitzt oder steht. Und die Spielfiguren – das seid natürlich ihr selbst.

Ihr markiert dazu 9 Punkte auf dem Boden – am einfachsten indem ihr 9 Stühle aufstellt – und zwar in folgender Anordnung:

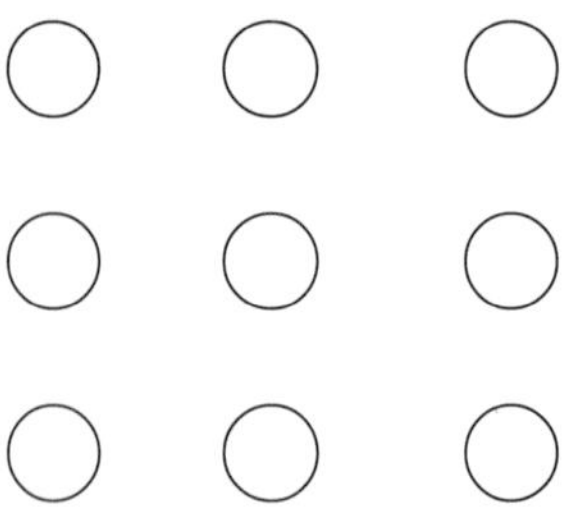

Nun trommelt schnell 6 Spielerinnen zusammen und das Spiel kann beginnen. Teilt euch in zwei Mannschaften zu je drei Mitspielerinnen auf. Nun dürfen die Stühle abwechselnd von je einem Mitglied der beiden Mannschaften besetzt werden. Während des Spiels darf nicht gesprochen werden. Wer sich vom Stuhl erhebt - sofern die eigene Mannschaft an der Reihe ist – muß auf einem anderen Stuhl Platz nehmen. Siegerin ist die Mannschaft, die zuerst eine Mühle bildet. Eine Mühle wird dadurch gebildet, daß die 3 Spielerinnen einer Mannschaft entweder neben- oder hintereinander sitzen.
Wenn ihr es etwas schwieriger wollt, könnt ihr auch die Diagonalen als Mühlen zählen.
Noch schwieriger: Die Spielerinnen jeder Mannschaft müssen jeweils eine festgelegte Reihenfolge einhalten. Dazu ist es am einfachsten, wenn man den Spielerinnen Nummernschilder o.ä. umhängt.
Bei mehr als 6 Mitspielerinnen könnt ihr auch gut ein kleines Mühleturnier auf die Beine stellen.
Übrigens, auch das Zuschauen hat bei diesem Spiel seine Reize. Die Zuschauerin hat dabei nämlich meistens einen besseren Überblick als die Spielerinnen.

Ente / Nashorn / Elefant

für: Kinder ab 8 Jahren
Jugendliche
Erwachsene
altersgemischte Gruppen

Allein eine Ente zu sein, ist nicht unbedingt schön, aber wenn man zu dritt auf Kommando ein solches Tier darstellen soll, kann sich daraus ein recht rasantes Spiel entwickeln, bei dem nichts mehr von der sprichwörtlichen „lahmen Ente" zu spüren ist.
Alle Spielerinnen sitzen oder stehen im Kreis, eine steht in der Mitte und sagt eines der Tiere Ente – Nashorn – Elefant an, indem sie gleichzeitig auf irgendeine Spielerin im Kreis zeigt. Diese stellt dann zusammen mit ihren beiden Nachbarinnen das entsprechende Tier dar. Wer zu langsam ist oder die Tiere verwechselt, darf mit der Spielerin in der Mitte den Platz tauschen und weiter ansagen.

Die Tiere werden folgendermaßen dargestellt:
Beim Elefanten formt die mittlere Spielerin den Rüssel, indem sie sich mit einer Hand an ihre Nase faßt und den anderen Arm durch die so entstandene Öffnung hindurchstreckt. Ihre beiden Nachbarinnen bilden dazu mit ihren Händen die großen Elefantenohren.
Zum Nashorn gehört eine mit beiden Händen gebildete lange Nase, während die Nachbarinnen mit Daumen und Zeigefinger die kleinen Nashornohren bilden.
Die Ente wird durch Auf- und Zuklappen beider Hände vor dem Mund gebildet. Die beiden Nachbarinnen erheben sich und wackeln wie Enten mit dem Po.
Wenn das Spiel gut läuft, können sich die Spielerinnen selbst weitere Tiere ausdenken. Wie wäre es, wenn z.B. auf einmal ein Affe oder ein Faultier dazukäme?
Es ist ratsam, dem eigentlichen Spiel eine kurze Übungsphase voranzustellen, in der die verschiedenen Tiere ausprobiert werden.
Bei zu vielen verschiedenen Tieren in einer Runde besteht leicht die Gefahr, daß das Spiel zu unübersichtlich wird.

Obstsalat

für: Kinder ab 5 Jahren
altersgemischte Gruppen

Wer denkt nicht gerne an Obst-, Gemüse- oder Fischmarkterlebnisse zurück, bei denen die Verkäuferinnen lautstark versuchten, sich gegenseitig zu übertrumpfen und ihre Waren an den Mann oder die Frau zu bringen. Fast genauso turbulent wie auf einem solchen Markt geht es in dem folgenden Spiel zu.

Alle sitzen im Kreis, eine steht in der Mitte, sie ist sozusagen die Käuferin. Die verschiedenen angebotenen Obstarten werden durch die Mitspielerinnen repräsentiert. Jeder Mitspielerin ist also eine von 4 oder mehr Obstarten zugeteilt, z.B. Kirschen, Äpfel, Ananas, Birnen. Die „Käuferin" ruft nun z.B. „Kirschen und Äpfel", dann müssen diese beiden Gruppen möglichst schnell ihre Plätze tauschen. Dabei sucht sich die „Käuferin" natürlich auch einen Platz, auf dem sie sich ein bißchen ausruhen kann. Wie zu erwarten, bleibt dafür natürlich ein anderer übrig, der dann in die Mitte gehen darf. Bei dem Ruf „Obstsalat" müssen alle Spielerinnen ihre Plätz wechseln.

Die Zuteilung der einzelnen Mitspielerinnen zu den einzelnen Obstarten kann auch durch Zuflüstern seitens der Spielleiterin erfolgen, sodaß für die Spielerinnen beim Plätzetausch noch der Überraschungsmoment hinzukommt, da sie dann nicht wissen, mit wem ein Platztausch in Frage kommt.

Das ist mein Ellenbogen

für: Kinder ab 8 Jahren
Jugendliche
Erwachsene
altersgemischte Gruppen

Hoffentlich habt ihr in der Schule beim Anatomieunterricht gut aufgepaßt und wißt, wo sich eure einzelnen Körperteile befinden. Bei diesem Spiel könnt ihr es unter Beweis stellen – aber Vorsicht, es ist nicht so einfach, wie es sich anhört.

Alle Spielerinnen sitzen im Kreis. Eine Freiwillige geht in die Mitte. Diese Spielerin geht nun zu einer Mitspie-

lerin aus dem Kreis, faßt sich z.B. an die eigene Nase und sagt dabei: „Das ist mein Ellenbogen". Die angesprochene Spielerin muß nun genau umgekehrt zeigen und antworten. Sie faßt sich in diesem Fall also an den Ellenbogen und sagt: „Das ist meine Nase". Schnell geht die Spielerin in der Mitte zu einer anderen, faßt sich z.B. ans Knie und sagt: „Das ist mein Mund". Die andere zeigt und antwortet wieder umgekehrt. Das Spiel geht solange weiter, bis eine andere etwas falsches antwortet oder zeigt. Diese löst dann die Spielerin in der Mitte ab und schon geht es wieder weiter.
Statt bei sich selbst kann die Spielerin in der Mitte auch ein Körperteil einer Mitspielerin anfassen z.B. den großen Zeh und dazu sagen: „Das ist deine Wange". Diese berührt nun die Wange der Spielerin in der Mitte und sagt: „Das ist dein großer Zeh". Auch hier ist es so, daß, sobald eine Spielerin falsch reagiert oder etwas falsches sagt, sie die Spielerin in der Mitte ablöst.
Bei diesem Spiel kommt es darauf an, daß es möglichst schnell gespielt wird, da sonst die Spielerin in der Mitte kaum eine Chance hat, abgelöst zu werden.
Die Variation läßt sich nur in Gruppen spielen, in denen die sogenannten „Berührungsängste" schon abgebaut sind. Die Mitspielerinnen müssen dafür schon ein gewisses Vertrauen zueinander haben.

Impelpfimpf

für: Kinder ab 10 Jahren
Jugendliche
Erwachsene
Gruppen, die sich intensiver kennenlernen möchten

Wer sich schon immer einmal gerne einen anderen Namen für sich selbst überlegt hätte, kommt bei diesem Spiel voll auf seine Kosten. Im Unterschied zum Einwohnermeldeamt gibt es dabei bei uns keinerlei Einschränkungen.
Zu Beginn des Spiels denkt sich jede Mitspielerin für sich selbst einen Namen aus, wobei es ganz gleichgültig ist, ob dieser Name tatsächlich existiert oder ein reiner Phantasiename ist. Nun schreibt jede Mitspielerin geheim ihren ausgewählten Namen auf ein Stück Papier. Haben alle Mitspielerinnen ihren Namen aufgeschrieben, sammelt die Spielleiterin die Zettel ein. Sie liest nun alle Namen einmal vor und dann noch einmal in umgekehrter Reihenfolge, wobei sie die Spielerinnen vorher darauf aufmerksam macht, daß es wichtig ist, sich möglichst viele Namen zu merken. Nun werden die Mitspielerinnen in zwei Gruppen aufgeteilt und jede Gruppe versucht nun, jemand aus der anderen Gruppe mit ihrem entsprechenden Wahlnamen herauszufinden. Gelingt dies, so muß diese Person die Gruppe wechseln und rät nun dort mit. Vielleicht vereinigen sich am Ende alle Spielerinnen zu einer einzigen Gruppe.
Da das Spiel je nach Gruppenzusammensetzung ganz

interessant ist, kann es durchaus auch mehrmals hintereinander gespielt werden. Allerdings kann es bei mehrmaligen Durchgängen leicht passieren, daß die Namen immer schwerer zu erraten sind, weil die Mitspielerinnen sich mit der Zeit immer abstraktere Namen geben.

Familie Meier

für: Kinder ab 7 Jahren
Jugendliche
altersgemischte Gruppen

Bei diesem Spiel kann es euch durchaus passieren, daß ihr einmal Vater, dann Tochter und dann Mutter und vielleicht sogar ein Hund seid. Und die anderen Mit-

glieder eurer Familie wechseln natürlich auch dauernd, nicht so wie im richtigen Leben, wo man immer mit denselben klar kommen muß.

Entsprechend der Anzahl der Mitspielerinnen hat die Spielleiterin Kärtchen vorbereitet, auf denen Familienname und Verwandtschaftsverhältnis stehen. Jede Familie besteht aus 4 Mitgliedern und zwar aus „Vater", „Mutter", „Kind" und „Hund". Zu jedem Familiennamen gibt es also entsprechend 4 Kärtchen. Die Familiennamen sollten möglichst ähnlich klingen (z.B. Schiller, Schüller, Schüler, Trüller, Tröller usw.). Die Kärtchen werden gut gemischt und an die Teilnehmerinnen verteilt. Auf ein Startzeichen hin darf jede ihr Kärtchen anschauen und dann (mit lautem Rufen) ihre „Familienangehörigen" suchen. Gemeinsam setzt sich nun die Familie auf einen Stuhl. Zuunterst sitzt der Vater, auf seinen Knien die Mutter, auf den Knien der Mutter das Kind. Der Hund liegt vor dem Stuhl und bellt.

Zur Erholung müssen sich die „Familienangehörigen" suchen ohne zu sprechen (diese Spielart kann man noch erschweren, indem man auch das gegenseitige Kärtchenzeigen unterläßt und versucht, Lippen zu lesen).

Eine andere Möglichkeit besteht darin, daß die Familien Tiernamen bekommen. Bei der Suche können sich dann die jeweiligen Familienmitglieder in ihrer „Tiersprache" verständigen oder falls man diese Variation nonverbal spielt, kann man sich die Tiere durch ihre jeweilige Gangart und Bewegung finden lassen.

Falls die Spielerinnenanzahl nicht durch 4 teilbar ist, muß man eben noch spontan eine Oma oder einen Opa mit ins Spiel bringen.

Das Spiel sollte auf Tempo gespielt werden, ohne daß jedoch ein Wettkampfspiel daraus wird.

Anhalterspiel

für: Kinder ab 6 Jahren
altersgemischte Gruppen

Das folgende Spiel hat seinen Namen von der typischen Handbewegung, an der man eine Anhalterin als Anhalterin erkennt.

Die Spielerinnen sitzen im Kreis. Die Spielleiterin erklärt, daß es bei diesem Spiel darauf ankommt, in einen fließenden Rhythmus zu kommen. In diesem Rhythmus sollen dann folgende Bewegungen ausgeführt werden: mit beiden Händen auf die Oberschenkel schlagen, in die Hände klatschen, hochheben der rechten Hand und mit dem Daumen über die rechte Schulter zeigen und dabei den eigenen Namen nennen, danach hochheben der linken Hand und gleichzeitig Nennung des Namens einer Mitspielerin. Die genannte Mitspielerin hat nun die Aufgabe, ohne aus dem Spielrhythmus zu kommen, ebenfalls beim Hochheben der rechten Hand ihren Namen und beim Hochheben der linken Hand den Namen einer weiteren Mitspielerin aufzurufen.

Es ist gut, das Spiel nicht in einem zu schnellen Tempo zu beginnen. Wenn die Spielleiterin merkt, daß das Spiel gut „fließt", kann sie dann langsam das Tempo steigern.

Falls eine Mitspielerin es nicht schafft, im Rhythmus klatschend ihren Namen zu nennen und dadurch das Spiel zum Stocken bringt, wird auf das neue Kommando dieser Mitspielerin hin erneut rhythmisch geklatscht und das Spiel fortgesetzt.

Um das Spiel noch etwas zu beschleunigen kann man statt der Namen einfach Zahlen verwenden, die zuvor jeder Mitspielerin zugeordnet wurden.

Bauklotz- / Tücherspiel

für: Kinder ab 8 Jahren
Jugendliche
Erwachsene

Für das folgende Spiel benötigt man einen größeren Sack möglichst einfarbiger aber verschieden geformter Holzbauklötze oder bunte Tücher und zwar möglichst viermal so viele wie Mitspielerinnen da sind.
Jede Mitspielerin darf sich eine bestimmte Anzahl an Klötzen (2–4) aussuchen. Während des Spiels soll nicht gesprochen werden.
Aufgabe:
- Jede Spielerin soll ihre Bauklötze innerhalb des Sitzkreises irgendwo auf den Boden stellen.
- Es darf jeweils nur eine von ihrem Platz aufstehen und einen Bauklotz hinstellen. Erst wenn sie wieder sitzt, darf die Nächste aufstehen.
- Irgendeine fängt an und irgendeine andere spielt weiter. Es geht also nicht der Reihe nach.

Wichtig! Wenn das Spiel zu Ende ist, sollte man nach dem gemeinsamen Schweigen unbedingt eine Gesprächsrunde zulassen. Nach unserer Erfahrung ergibt sich immer ein sehr interessantes Gespräch.
An Stelle von Bauklötzen kann man auch bunte Tücher nehmen, dann heißt es eben Tücherspiel.
Man kann der Gruppe auch eine Aufgabe stellen, z.B. gemeinsam ein Bauwerk bauen, mit den Tüchern eine Blume legen, ein Symbol für Frieden oder Freude.
Bei diesem Spiel geht es um folgende Ziele:
- *etwas schweigend gemeinsam tun*

– aufeinander Rücksicht nehmen, z.B. bei der Reihenfolge des Aufstehens
– Beobachten: Wer reagiert auf wen? u.ä.

Mit einer Änderung der Schweigeregel läßt sich dieses Spiel auch gut am Ende eines Seminares einsetzen. Das Gebilde, das entstehen soll, könnte vielleicht etwas mit dem Seminarinhalt zu tun haben, muß aber nicht. Beim Hinstellen des Bauklotzes (bzw. Hinlegen des Tuches) darf dann jede Teilnehmerin noch irgendeinen positiven oder auch negativen Eindruck zu dem vergangenen Seminar zum Ausdruck bringen (aber auch hier wieder ohne Zwang). Auf jeden Fall muß jede Äußerung unkommentiert stehen bleiben. Es darf also nur die Spielerin, die gerade legt, etwas sagen.

Laßt Blumen sprechen

für: Kinder ab 5 Jahren
altersgemischte Gruppen

Für dieses Spiel sollte es eine Möglichkeit geben, ohne Flurschaden Blumen, Gräser, Äste und ähnliches Material aus dem Wald, vom Straßenrand oder einer Wiese zu sammeln.

Gebraucht werden Gefäße: Steckschalen mit Steckmoos, Vasen, Schalen oder Becher mit Steinen oder feuchtem Sand.

Die Gruppe sammelt die oben genannten Materialien und bringt sie zu den vorbereiteten Gefäßen. Jedes Gruppenmitglied sucht sich nun einen Teil (Blume, Zweig, Halm u.a.) aus. 5–8 Teilnehmerinnen sammeln sich um ein Gefäß. Nacheinander steckt jede ihr ausgewähltes Stück in das Gefäß, wobei sie

- ihre Wahl begründen kann
- Wünsche und Erwartungen an das Zusammensein äußert
- am Ende einer Veranstaltung ihre Kritik, ihr Befinden kund tut

Die so entstandenen Gestecke kann man schön als Raumschmuck benutzen oder – falls man das Spiel am Ende eines Seminars spielt – als Dank an die Küche, Heimleitung, Referentinnen u.a. überreichen.

Abschiedskoffer packen

für: Kinder ab 8 Jahren
Jugendliche
Erwachsene
altersgemischte Gruppen

Am Ende eines Seminars wieder die Koffer zu packen ist meistens eine etwas traurige Angelegenheit. Es ist mit Trennung und Abschiednehmen verbunden. Diese Situation könnt ihr auch als Gelegenheit für ein letztes Spiel, sozusagen das Abschlußspiel, nehmen.

Jede Spielerin bekommt ein DIN A3-Blatt, auf das sie sich einen großen Koffer malt. Auf das Etikett des Koffers schreibt jede ihren Namen. Nun werden die Koffer in der Runde herumgereicht und jede schreibt oder malt in die verschiedenen Koffer gute Wünsche, Ratschläge, Hoffnungen oder auch angenehme Erinnerungen an das vergangene Seminar hinein, die sie der jeweiligen Kofferbesitzerin mit nach Hause geben möchte. Wenn jeder Koffer dann wieder bei seiner Besitzerin angekommen ist, ist das „Packen" beendet und jede kann gewissermaßen von jeder Teilnehmerin etwas mit nach Hause nehmen.

Man sollte den Teilnehmerinnen die Möglichkeit einräumen, daß nicht jede etwas in jeden Koffer packen muß.

Abschließend könnte noch reihum zu den in den Koffer gepackten Sachen Stellung genommen werden.

Abschiedszeitung

für: Kinder ab 10 Jahren
altersgemischte Gruppen

Wenn man an einem Seminar teilgenommen hat, so fährt man meistens nach Hause und ist noch ganz erfüllt von dem Erlebten, doch mit der Zeit verblassen die Erinnerungen. Es bleibt nur noch ein Gesamteindruck, die Einzelheiten gehen in der Regel verloren. Dem könnt ihr versuchen mit der Herstellung einer Abschiedszeitung entgegenzuwirken.

Die Abschiedszeitung hat den Sinn und Zweck, das Seminar, an dem ihr teilgenommen habt, in irgendeiner Form zu reflektieren. Am besten teilt ihr euch dazu in Kleingruppen auf (wenn jemand lieber alleine überlegt, ist das natürlich auch möglich). Ihr könnt euch bei euren Überlegungen auf einen Aspekt des Seminars beziehen (vielleicht könnt ihr auch nach einem solchen Gesichtspunkt die Kleingruppen einteilen), euren Gesamteindruck reflektieren, Erinnerungen zu Papier bringen, Gefühle künstlerisch verarbeiten u.ä. mehr. Ihr könnt schreiben, malen, kleben und was euch sonst noch so einfällt. Die fertigen Ergebnisse werden vervielfältigt und zu Zeitungen zusammengeheftet und an die Teilnehmerinnen verteilt, so daß jede eine Zeitung mit nach Hause nehmen kann.

Die Spielleiterin sollte natürlich vorher die Möglichkeit des Fotokopierens abgeklärt haben. Schön ist es auch, wenn die Zeitung mit ein oder zwei Fotos geschmückt werden kann (Sofortbildkamera, Bilder kopieren).

Der Spielekoffer

ein unentbehrlicher Helfer für SpielleiterInnen

Sie haben einen Spieleabend geplant. Dafür haben sie sich ein paar Spiele ausgesucht. Vielleicht „Petra ein Ei", „Familie Meier", eine Laufscharade, das „Na? – Spiel", das „Feuerwehrspiel" und als Ratespiel das „Schwiegermutterlöffelspiel".
Sie wissen, daß zu diesem Spieleabend ungefähr zwanzig Mitspielerinnen kommen werden. Aber eine Woche später haben sie es mit 70–80 Mitspielerinnen zu tun und auch dort werden sie einige dieser Spiele machen und ein paar andere, die etwas Material benötigen.
So werden sie anfangen, Material zu besorgen, zu schreiben, malen, basteln, schneiden und sich vielleicht bei manchen Spielen auf bis zu 100 Mitspielerinnen vorzubereiten. Dazu kommt noch das Material, das man eigentlich immer braucht. Da wären Klebeband, Mal- und Schreibutensilien, Scheren, Gummis, Reißzwecken, Luftballons, und, und, und ... Jetzt kommt die Frage: „Wohin mit dem ganzen Kram?" und es wäre ja nicht schlecht, die ganzen Dinge aufzuheben, damit sie beim nächsten mal nicht wieder neu gemacht werden müssen.
Das ist der Punkt, an dem der Spielekoffer ins Spiel kommt.
Wir haben dabei über Jahre hinweg mit einem kleinen Koffer vom Sperrmüll sehr gute Erfahrungen gemacht. Zuerst einmal spricht seine günstige Beschaffungsmöglichkeit für ihn. Und dann kann man ihn einfach

nach seinen individuellen Bedürfnissen einteilen. Da jede andere Spiele mag und auch durchführen wird, wird für jede Spielleiterin eine andere Einteilung in Frage kommen.
Für die Einteilung kann man sich z.B. in einer Schreinerei leere Spax-Pappschachteln in unterschiedlicher Größe besorgen. In unserem Koffer befinden sich 7 von diesen Schachteln, die wie folgt gefüllt sind:
- Pappkärtchen für „Fam. Meier" und für die „Reise nach Jerusalem"
- Pappkärtchen für Geräuschlawine, Laufscharade und div. andere Spiele
- Filzstifte
- unterschiedliche Gummis
- Luftballons
- Kulis, Maßband, Würfel usw.
- kleine Bälle

Der Restraum ist gefüllt mit großer Schere, Eddingstiften, Klebeband, „Schwiegermutterlöffeln" und anderem. Obenauf liegen Karteikarten, Notizblöcke und Tüten mit verschiedenen Spielen.
Wenn man dann einige Zeit spielerisch und gestalterisch tätig ist, merkt man bald, daß so ein Koffer nicht ausreicht. Als Ergänzung bietet sich eine Werkzeugtasche mit vielen kleinen Schubladen für Streichhölzer, Reißzwecken, Sicherheitsnadeln, Büroklammern, Zahnstocher, Hammer, Schraubenzieher, Zange, Nägel, und vieles mehr an (eine solche Tasche wird übrigens in der Regel auch vom Finanzamt als Arbeitsmaterial anerkannt).
Und da man im Laufe der Zeit sein Repertoire erweitert, wird auch das Spielmaterial immer mehr. Irgendwann wird man dann wohl auf einen größeren Koffer umsteigen müssen.
Natürlich sind Koffer nicht der Stein der Weisen. So

läßt sich sicherlich auch gut mit einem Nähkästchen oder einer Masseurtasche arbeiten. Eurer Phantasie sind hierbei kaum Grenzen gesetzt.
Hat man sich erst einmal die Mühe gemacht, solch einen Koffer o.ä. einzurichten, hat man in Zukunft alles griffbereit und kann flexibel und spielerisch auf alle möglichen unvorhergesehenen Situationen reagieren.

Spieleverzeichnis

Kennenlernspiele
Porträt reißen 11
Körper mit Leben erfüllen 13
Menschendomino 14
Wer die Wahl hat … 16
Name und Bewegung 18
Was fällt dir zu deinem Vornamen ein? 20
Das grüne Krokodil 21
Petra ein Ei 22
Namensballon 24
Ich sitze im Grünen und liebe … 25
Ich schicke ein Signal an … 27
Computer kaputt 28
Spion zu Spion 29
Wer steckt hinter dem Tuch? 31
Spots in movement 32
Bohnenkönigin 34
Wir haben alle im Blick 35
Waagrechtwort 36

Kommunikationsspiele
Freunde finden 41
Schoßsitzen (Sitzschlange) 43
Geräuschlawine 44
Reise nach Jerusalem 46
Elefanten-Niesen 48
Pferderennen 49
Löwenjagd 52
Regenspiel 54
Autowäsche 56
Dusche 58
Das ist ein Hund 60
Spiel der Stummen 63
Korbwalzer 65
Lebendiges Mühlespiel 66
Ente, Nashorn, Elefant 68
Obstsalat 70
Das ist mein Ellbogen 71
Impelpfimpf 73
Familie Meier 74
Anhalterspiel 76
Bauklotz-/Tücherspiel 78
Laßt Blumen sprechen 80
Abschiedskoffer packen 81
Abschiedszeitung 82

Der Spielkoffer 83

Spiele für Klein und Groß

Birgit Nawrath / Erika Wecker
Kindergeburtstag – einmal anders
Spielaktionen für Kinder von 3–12
1997. 88 S. Kt.
ISBN 3-7867-1998-5

Eine lustige und spannende Alternative zu den üblichen Kindergeburtstagen sind Spielaktionen, die unter ein Thema gestellt werden. Die Autorinnen dieses praktischen Buches haben sie für Feste mit Kindern entwickelt und erprobt. Ideen, Tips zu Vorbereitung und Durchführung laden zum Ausprobieren und Weiterentwickeln ein. So wird jedes Kinderfest zum Erlebnis!

Ulrich Vohland
Denkspiele und Knobelspaß
ab 12 Jahren
1997. 136 S. Kt.
ISBN 3-7867-1999-3

Wer knackt die Nuß? – Dieses neue Buch bietet leichte und schwierige Denkspiele, die alle originell, kurz und knapp formuliert oder in eine Geschichte eingebettet sind. Eine praxisorientierte Einleitung enthält wertvolle Tips und Ideen, wie sich diese Aufgaben in Gruppen und im Unterricht einsetzen lassen.

Edition Psychologie und Pädagogik bei Grünewald